AF434363

Alfonso Trallero Masó

EL SEMBRADOR DE SUEÑOS

ISBN: 978-84-9916-778-7
DL: M-23865-2010
Impreso en España / Printed in Spain
Impreso por Bubok Publishing

A Montse, porque siempre fue y siempre será

A Alvaro, Alejandro y Carolina, porque simplemente
son siempre

INDICE

FUEGO Y CALMA

Del espejo de la cuenca de los cielos
de tu fuerza de mar,
fuego y calma, me viene la esperanza.
Espero en ti con ojos
que quieren soñar en tu recuerdo aún no vivido
pero seguro: mañana, después…
tal vez no sepa…
Una luna de labios
-¡no ninguna como entonces
será lo fue ya antes!-
vendrá a acunarme en su frescura
cada noche, cada dos besos compartidos.
Una sola voz, suave murmullo,
huracán feroz por mil gargantas,
gritará tu nombre, tu color, tu
subir y bajar en la arena
de luz, una mañana, un sol
hierba de lluvia acariciante,
como un reguero de estrellas
que deslizas por ti, saltan
fugaces y continuas, interminables, irrepetibles.
Ese día, esa canción
a dos por cuatro, esa espuma,
ese rayo de azul, ese juego
brillante, ese alejarse,
ese volver,
eso todo, sólo eso y más
no puedo, ésa eres tú:
así te siento.

¡Sabe sueño que eso seas
pronto lo tanto que deseo!

Madrid, 8 de febrero

****

OTRO TIEMPO

Otro tiempo habrá de ver con ojos claros
aquellos días de esplendor en las riberas
del Egeo embravecido.
Otros labios besarán aquellos labios
rugientes, disputados por las fuerzas
de la noche y el día adormecido.
Otros revivirán entonces tu pasado.
Otros abrirán su entendimiento.
Otros sentirán el mismo fuego
que sentiste un día enamorado.
Y será todo duro y cierto.
Solución se hallarán en tus recuerdos.
Todo será distinto
y lo mismo
tendrá razón.
Y hablará el corazón
de aquellos tiempos,
como el eco;
como un eco
que responda al amor, sueño,
con luz de gracia.

Y un gran consuelo
encontrará soñada
la esperanza
de volver a saber los mismos juegos
del pasado efímero
y despierto
en el Egeo fugitivo
de marzo del ochenta y seis.
Aquellos tiempos.

Madrid, 27 de octubre

****

MAR (II)

Mar de espuma blanca destellante en su placidez
indómita, tú eres todo lo más
apetecido, visto, entreverado en un sueño eterno.
¡Tánto fuego pasajero, tánta lucha
que quema el alma! ¡Y tú ahí,
esperante, que llamas en silencio a tu ribera!
Ahora que te escucho, que te acierto
a encontrar que empiezo a amarte,
ya sé qué fue el pasado: larga noche,
fugaz recuerdo todo olvidado.
Estabas allí cuando yo me removía
en busca de soles nuevos, cada
día nuevo, una luz, una palabra, una copa
llena de engañoso deseo estéril.

Tú ahí y yo me perdía entre silencios
de risas incompletas, entre juegos aprendidos
por otro niño grande que quiere
seguir jugando.
¡Y el dos por cuatro de la serenidad
fogosa en la garganta!
¡Y el canto suave de oído
de ver lo que querías y no serlo!
¡Y el adiós pequeño que se aleja
en un eco de algodón!
¡Era tan poco el tiempo
y las amapolas
en la cabeza!
Después, la playa se convertía en luna
entre la resaca de la arena, rebotaba
en la brisa húmeda de la noche.
La arena sabía a ti;
eras tú, fría y suave,
acogedora de envolverme y allí
dejarme a olvidar pensar en nada
antiguo de reír y llorar.
Un redoble de sonido a latido
de tu corazón de espuma,
repetía una y dos la gaviota
sobre un cuerpo tumbado
en una tierra gastada
y triste, que un día fue volcán
y luego sueña.
Yo me miraba mirarte
y me dormía hacia ti.
Y te buscaba…

Ahora, ya te siento con sentido,
veo tu cielo infinito de azul
y el espejo verde de tus senos.
Y veo más allá, ese rumor
verdadero que esperaba,
dulce espuma blanca destellante en tu placidez
domada, mar.

Madrid, 1 de febrero

****

DOS

En las noches que se vienen y se fueron
encontraré el adiós que ya no fuimos ni seremos.
Del pasar al nacer sin descubrir
que la vida a veces rodea el punto
que no siquiera sabías existía.
¿Cuánto me doy?, ¿cuánto me cedo?,
¿cuánto sé que soy saber de transmitirnos?
Y una noche apareces en tu espejo
y ya nunca olvidas esa imagen,
ese saborear, ese sentirse,
ese paladear pausada y locamente cada beso.
Volverme loco a base de encontrar
que he de moverme.
Y un miedo atroz a toda aparente seguridad.
Un lanzarse al vacío con más peso.
Un añorarte de ti mismo en esos ojos.

Un abrazarse el aliento que no falte.
Un despiste fugaz ya siempre eterno.
Un mirarla a los sueños y no saber cómo no
        herirla.
Un alardearme la impotencia
de no evitar sentirme a cualquier precio.
Un todo lo que vivimos, sentimos, amamos,
compartimos, añoramos, creamos, cantamos,
hicimos, valoramos, fuimos, ¿somos?,
¿seremos?
Por eso la confusión empieza a aclararse
en donde más te sorprendes:
ser capaz de saltar cuando más cuesta.
¿A quién no querer cuando todo el amor
te ha sido dado?
¿Cómo decir "se fue" cuando tanto fuiste
en ese empeño?
Y, al tiempo,
¿por qué te renunciarás a ese ímpetu
que siempre te marcaste?
¿Cómo olvidar que esos labios mordieron
el día que tenía que nacerte?
¿Por cuánto tiempo esperar que será momento,
si ni siquiera hoy sabes cómo empezarte
de otro modo?
Te nació y nunca serás ya lo que ya eras.
O quizá, precisamente por ser siendo,
inevitable seguir balanceándote al instante.
Lo único que sé es que nunca más
miraré el encuentro como desde entonces,
que es ahora.

Que es su pelo y su mejilla aligerándome
de angustias
y trastocando en un mar de sueños
lo que era vigilia.
Manos que me tiemblan los instintos
y me asen para ya no abandonarme
nunca como entonces.
Y el amor y el deseo ya no son
separados.
Ya no vida sino dos que viven,
sienten, luchan, buscan, quieren.
Dos que podrán ser o no,
pero si no lo intentan,
merecerán la pena de saberse siempre en-dudados.
Y por todo eso y todo más
que aún no entiendo,
sólo por todo,
habré de mecerme hacia esa cuna.
Que la luna de diciembre me ilumine.

Madrid, 30 de diciembre

****

RAYO QUE JUEGA

La cara de luz blanca
es un fuego de ojos que te buscan.
Te buscan como dados que quieren
atrapar un rayo y acunarlo.

17

Eres un rayo que me ataca
y me divierte con su juego.
Tú juegas a escaparme
y no te coges;
te lanzas al suelo
y ya remontas,
como una serpentina
de relámpagos encadenados.
Vas y vienes y aún tienes
tiempo de parar dos cejas, un segundo,
como dos gaviotas en el cielo
de tu frente.
En el canto de una ola roja
asoman cuatro luces blancas
sonoras.
Y un hipo loco
repiquetea, contagia, cata
el surco de mi boca
ya no quieta.
Somos mil sueños
y sentirnos que nos gustan;
seguimos con el juego a dos manos,
con sólo espuma y sal;
sal para decirnos pocas cosas
y no necesitarlo, diez risas bastan.
Así tú y yo, yo y tú,
uno y otro, dos en dos,
como un ocho,
sabes que te alejas sólo un momento
y luego, los puntos se vuelven
al centro: perfectos.

Sin reglas, sin jueces, sin testigos.
Quien no piensa en la ley
no juega a la trampa.
Sólo dos bastan.

Madrid, 3 de febrero

****

TIEMPO VERDE

Tiempo verde ayer;
hoy: vacío y hueco, tres olas
en mi frente: ceniza y fuego,
cristal o hielo, mirar lo lejos.
Mil risas brotaban; hoy
pocos gestos, sombrío, niño
no más desencantado, viejo,
el corazón abierto.
Todo en un sueño; hoy
no dormir, no noche intensa,
sólo sol que quema y, luego,
sudor frío, tanto negro.
Ayer era eco sentido;
hoy recuerdo.
Ayer era dos luces pintan
lunares en el cielo;
hoy desierto.
Ayer era…
Ayer siempre.

Y hoy miro y lloro
sin lágrimas, sin sueño, sin deseo;
lanzo al viento una peonza
gastada de tanto no dar vueltas.
Olvido.
Allí fue el sol
y yo brillaba.
Aquí el adiós
que se me escapa.

Tiempo verde ayer; hoy
vacío y hueco. Tres olas.

Madrid, 10/11 de febrero

****

DOS HORAS

Eran dos horas en una noche en un barco
con tu sonrisa de plumas rojas al aire de espuma.
Un frío helado nos recorría.
Bajamos a encontrarnos en dos latas y tabaco en tu
                        camarote.
¡Y otra vez al cielo!,
a bebernos el mar mientras corríamos por no tirar
                    el tiempo.
Mirarnos juntos y no hay palabras, ni gestos, ni
                    nada

más que apretarnos, tú en mí, yo mis manos en tus
bolsillos.
Dos mejillas en un escalofrío, tres piernas –una
mía-,
un barco de agua, más viento, menos separados,
mis labios que te muerden el silencio,
soñar un mismo sueño,
vivir el recuerdo que estamos perdiendo,
caricias sin dedos, el espejo de tu boca cerrada,
mucha gente y no existe algo que importe sino
nosotros,
los días perdidos a jugar y preparar lo de ahora,
lo de ahora que vale por siempre,
el pelo sol y la luna no brillaba, pero la eras tú;
y ella me estaba meciendo el no amor
y sí descubrirte y no tener ya canción que acunarte
y atraparte y no hablarte y sentirte y esperarte
como lo distinto
que ibas detrás de un susurro en una hoguera
de indecisión, la mía, la tuya, los dos,
aquella noche en un barco en un mar
nuevo siempre que volveremos a él:
¿no otra vez?.

Después, nos dejamos; me fui por un puño en los
dientes
que había callado; te fuiste por dos intenciones
cambiadas,
perdidas, equivocadas de rumbo, ¡dos horas no
bastan!
Y aun ya vimos un negro ennoviarse de día,

y aun ya amamos el mismo recuerdo, igual
                          silencio;
pero ya nunca volvieron
aquellos momentos -¡idiota palabra que no salió!-.

Madrid, 22 de febrero

****

MATAR O MORIR

Una edad de todo lo aprendido
a rachas: fuerza, fuego, falsos
juegos, risas, bocas que matan.
Pocos años, más esperanza poco tiempo.
Beber, beber más, enloquecer,
mentir a dúo, faltar a todo.
El alma no existe, por suerte;
lo demás está ahí.
Matar o morir; decidir.
Todo por sí, siempre.

Madrid, 3 de abril

****

Eran más nieblas que luces
y tú lo sabías.
No era amor, ni ansia, ni a gusto,
sólo algo más allá de todo
lo que se sentía.
¿Fuego, fuerza, lucha incansable
de los sentidos? No lo sé,
ni lo sabía.
Tú tampoco, no lo niegues.
Allí estábamos, simplemente,
los dos y un mundo
que nos distanciaba los labios,
lo espontáneo: reprimía.
Tú viniste con sinceridad
-creo- envidiable, valiente.
(Yo, probable, no hubiera ido a ningún lado
sin ese decir-a-voz-descubierta.)
Y fue poco tiempo y pocos gestos,
¡pero tan densos…!
Y ahora lo recuerdo y me arrepiento,
como siempre lo hago cuando ya nada.
Pero, sábelo, te creo y te
-aunque "te" ahora sea un imperfecto-
necesito decir que estabas en mí,
con ese rugir de llama en la mirada,
con manos encendidas en nuestros huecos,
con caricias furtivas bajo una mesa

en una terraza.
Por eso nada más, vale todo,
yo estoy bien y bien es poco.
Ahora y siempre, no olvidemos el presente.
El pasado vivió y no por tanto ha muerto.
Tú serás, como entonces, algo más que un recuerdo
          intenso.
Y nada más. Que ya vivimos (dijimos)
todo.
¡Y qué deseo!

Madrid, 21 de septiembre

****

UNOS OJOS

Unos ojos perdidos,
¡tan solos!

La luna llueve el día que te quiere
sacar lo imprevisto en un rostro no esperado.
Una imagen parecida, pero es ella,
algo distinto, no es mi recuerdo…
Un papel herido y sin palabras.
Después de tánto tiempo, tántos sueños
y vueltas-a-la-vida-que-ya-fue,
pero nos la somos otra vez,
vacíos hoy en el momento que no hay nada como
          aquello,

24

tras mil reconstrucciones imperfectas,
de vernos tiempos lejanos en mil gestos.
Y esos ojos son ellos y no dicen momentos.

Madrid, 4 de diciembre

****

ONCE DE MARZO

Viene más y menos todo lo que abarca
en sus manos grandes y labios anclados,
torcidos, gastados en mármol sangre
y fuego, interior, dentro muy dentro
de sí misma.
Y nada;
basta;
yo.

Madrid, 11 de marzo

****

CAUDAL

Hasta aquí hemos llegado.
¿Cuánto hemos andado…? ¿Y qué es lo más?
Porque creía que ya nada podía vencerme…

… ¡vana ilusión que todo lo transforma
y nos engaña!
Porque justo en el punto en que las horas
se rompen en recuerdos…
Sabemos lo que va quedando
y aún así nos sorprenden nuevamente.
Bajo la lluvia, cualquier día,
puedes encontrarte perdido de fantasmas
y la garganta rota y sin fuerzas
para seguir luchando.
Conoces que te abandonas, que te prometes
nunca más (o, al menos, no así)…
¡Pero deja ya de pelear por la inocencia!
Y al sonido de una canción que permanece
        junto a mí,
ya lo de siempre agita la melancolía
de lo que se acaba de posar en la memoria.
Y porque al hacerse pasado, te hiere
el presente que se fuga definitivo.
Y odio y amor se besan y marchitan
a un tiempo desde ahora.
Y descubrirás pronto una nueva luz
junto a ti; ¿por cuánto más durará
su pábilo?
Y porque según se va ensanchando el caudal de lo
        que ha sido
también más cerca nos hallamos del mar
que todo lo envuelve sin fisuras.
¡No esperes ya! ¡No perdones jamás a tu
impaciencia!
¡Escapa del monótono juego

en que nos hunden irremediablemente!

Madrid, 17 de octubre

****

LA FUERZA Y LA CANCION

Tanto todo tiempo que me queda
y aun menos más de lo que espero,
pero siempre sube la fuerza insospechada
que te abre los ojos de la luz.
Ese beso casi perseguido y apenas alcanzado
y, luego, ¡ya ves cómo resulta que te logras
la pasión menos pensada!
Ya han sido muchas y,
en cambio, nunca terminas de aprenderte
la canción: cuando vas a comenzar,
te están en el estribillo;
cuando repites lo sabido,
empieza el soniquete incontrolado
que mueve tus sensaciones
sin apenas imaginarlo.
Con una palabra (ni con una frase)
podría formar todas las letras:
empieza por hache, termina…
-¿quién puede deletrear tal ajetreo?-.
Incluso si te planteas un soneto,
ves que dos y dos son cuatro y son terceto;
mas cuando sumas lo que aún te resta,

te rompes en la ola de la cresta.
Deja por hoy el tiempo. Son suspiros
que pasado te harán gracia; simples vueltas
a la vida que te asombra y la descubres
cuando más piensas que ya la tenías aprendida.
¿Repetida?

Mañana y ahora
es y lograrás
romper y fabricar
con y original
estilo y naturalidad
de y sin
espejismos y olvidos
soñados.

Madrid, 14 de abril

****

SIEMPRE ESE DIOS

A ese Dios que tolera mis caprichos,
vive mis ilusiones con fuerza nueva
y despliega, a veces, en mí, su humanidad.
Cuando dudo de mi aliento o mi futuro,
cuando observas y no encuentras el sentido,
ese Dios nos devuelve la esperanza
y nos abarca.
Todos los gritos que golpean,

todos los llantos que atragantan,
todos los odios que obsesionan,
tántos fracasos que desgastan
y aún ese Dios nos desazona,
pero con calma.
Luchas sin fe, pierdes o ganas;
cuando menos lo esperas, te quiebra las venas
la sangre acelerada y agria de un latido
que se apaga.
O viceversa y al contrario: te haces solo
el monumento de tu digna gloria, en ese momento
en que en ti confluyen tus apariencias desbocadas.
Pero siempre la balanza se modera; ese Dios
nos otorga confianza, hacia arriba
o hacia abajo: justo término.
No es pecado capital, ni fallo leve;
no es matar al hermano ni brindar su muerte;
no es siquiera olvidar nuestro pasado,
ni faltar al futuro con descaro;
no es escupir en la frente
del que todo te lo ha dado,
ni derruir el templo de nuestros padres;
no es odiar ni morir; no querer ser perdonados;
no es ni todo esto ni mucho menos;
es sólo ese Dios que te separas y te sientes
solo, tan solo como un niño sin sonrisa.
Ese Dios merece más que todas mis debilidades,
pero me quiere con ellas y sin nada.
Nos quiere por encima de los versos olvidados.

Madrid, 29 de junio

****

RECUENTO

Puede ser un barco furtivo
de mar despejado y mecedor,
o furioso en sí mismo
y una cubierta
y un banco y dos personas.
Tal vez un coche descuidado,
que nos vive las sensaciones
y amanece.
O cualquier noche simplemente,
gestos que miran, ojos que envuelven
en este Madrid fugaz y siempre.
Una playa, quizá, concierta
la cita que devuelva los murmullos.
O mesas y sillas y cuerpos
y gente y no importarnos.
O más iguales, una fiesta
de los sentidos y las luces,
una terraza al aire del verano,
muchos vasos.
O toda la oscuridad
de una calle abierta y sola,
feliz, íntima y espontánea.
O la mansedumbre de una
música de suave sonido en una casa,
todo predispuesto, perfecto entendimiento

sin palabras.
O incluso distanciar, una amiga que se enfada,
ni nos enteramos, sólo prolongamos
las manos del otro.
O el césped húmedo y sol,
o el árbol copioso y despejado
y luego se suelta a llover.
O tremendo vendaval que se remansa
para mucho más tarde diluirse.
Y todas ésas otras
que poco faltara;
aún controlarnos, nunca respondes,
sólo tu ráfaga cerebro-espinal
piensa por ti.
Dejemos que ocurra,
sigamos sintiendo,
vale todo, sin daño, o herida
sangrante que pronto se cierra.
No inmoralidad, simple balanceo,
juego eterno, bailan los ojos
en los dedos.
Pero luz que nubla y ataca,
va hacia ti, toca
el quicio de la puerta
y abre el sueño que despierta el mecanismo
que se repite: son diez, o seis, o veinte,
o ya acotaremos
el número preciso necesario
para que el péndulo quede quieto,
fijo en un punto impredecible,
ese punto que te vuelva la mirada

cuando ya nada pueda descubrirse.

Madrid, 9-10 de abril

****

VIDA

Verdad o mentira,
furor desatado de imprudencia,
lucha en que no importan los vencidos
y ganas siempre que te pierden los sentidos.
Fuerza tierna,
remanso que te enciende
y recordar de nuevo el olor a tierra
y mar de la espuma de tu pelo,
o lo inesperado de una sonrisa que luego aprendes
y te anonada en su rayo regalado.
Amor sin dueño,
fecha aún imprecisa de todo
lo que vives cada segundo.
Verdad y mentira de vivir.
Siempre.

Gandía, agosto

****

COMO OLAS

Como olas que se agitan los sentidos,
no hay pérdida o ganancia que más valga.
Y en tu fuerza de mar y en tu esperanza
buceo lento y desesperadamente abierto.
Son tiempo antes y aún todo el que nos resta,
pero no cuenta nada sino ahora;
y en ese juego de mirarnos y aprendernos,
seguimos reteniendo cada gesto,
cada boca que susurra el reguero que va
de ti a mí y pasa por el centro exacto
de mi cuerpo y vuelve otra vez, con
nueva intensidad, a ti, la legítima propietaria
de estos versos.
Y no habrá otros momento, ni otro encuentro,
sino el mismo y nuevo que se repetirá y que será
distinto, lúcido o irreal, sereno o incontenible,
aquí o allá, en un parque desierto
o en una fiesta, en ti y en mí,
a pleno sol o en la penumbra de nuestros huecos
que se buscan en silencio.
Y te seguiré escribiendo como ahora.

Madrid, 7 de septiembre

****

COMO MARES

Como mares que se agitan los sentidos,
no hay pérdida o ganancia que más valga
lo que cuesta un suspiro de una boca.
Lucha infinita, que repite cada día
el eterno rechinar de nuestros sueños,
subiendo y bajando, como el eco de una ola
que se acerca a beber arena y miel.
¿Qué decirte sí? ¿Qué explicarte no?
¿Qué sentido esperar que sea distinto?
¿Qué buscar para siempre? ¿Qué pensar
que es sólo un juego? ¿Qué
temer y qué no herir, si es siempre el tiempo
quien decide por nosotros?
Y aún en todo quiero creer que es algo nuevo,
y así intento convencerme
que no sólo hay fuego, porque todo es placer,
que no quiero perderte mientras no te haya hallado,
que bastan dos intenciones para poder seguir
luchando,
que cobardía y duda nunca son sinónimos
si aún sabemos creer en nuestras fuerzas.
Y eso, siempre.
Mientras hay deseo hay esperanza.
Sólo dos bastan.

Madrid, 9 de septiembre

****

QUEMA Y MÁS

Tropel de luz,
ciego túnel
que te sabes eterno y limitado.
¿Por qué has de sentirte tan encima?
¿Y cuándo has de saber que ya llegaste?
Pues nada más.
Eso y todo bastará
por hoy.
Sí, ese día que vendrá
alegre o troceado…
No lo sabes ahora
que sólo y tanto tienes.
No te quejes…
¡Esa suerte!

Madrid, 3+1 de diciembre

****

DESIERTO

Solo.
Desierto.
Mar en calma.
Amplitud desbocada de lo negro.
Y el silencio
que ni siquiera puedes sentir;
¡tan callado!

Y no hay aire, ni hay respirar,
ni oler, ni tocar.
No llorar.
Lágrimas secas; vacío…
No te pesarán los brazos;
no te dolerá la espalda;
no te escucharás la cigarra
en tu recuerdo.
No te crearás cada mañana;
no vivirán con tu abrazo;
no habrá calor en tus labios
lacrados por la mueca impertinente
e inquebrantable.
PUES NO. JAMAS.
Aun con toda tu fuerza desatada, sabes que sí:
                        nada sirve
tardar en aceptarlo.
El   último recurso es la locura.
Y siempre queda.
¿Y ESE ALGO MÁS QUE ME HA CREADO?
Tal vez tan solo y callado
            como tú.

                              Madrid, 29 noviembre

****

DUDA Y SUERTE

¿Qué sabré hoy si es lo cierto?
Nos mantuvimos y aún lo hacemos,
pero no alcanzo más allá de imprecisiones
compartidas esas noches que te dejan
la imaginación pegada a la memoria;
esa memoria agitada de nombres y lugares
y momentos.
Por eso, ¿cómo decirte nada nuevo
cuando los sueños se recobran en cada gesto?
Verte hablar bajito en mi hombro…
Los dedos que se encuentran suavemente.
Tu pelo me juega en la mejilla y en la boca.
Tus dientes aprietan el deseo.
Y aún saltar o reír: dos cuerpos acompasados
por la noche y por la magia de vivir.
Gandía o Madrid. O Pozuelo.
(O Grecia).
La playa o el mar, o la calle
o tantos bares.
El Fortuna o el Chester, o el Marlboro
(o el BN).
El whisky, o el Bacardí o el Gin-tonic
(o tus labios).
Y esta noche…
…¿cuánto de esto volverá a ser?

Este es el problema

y toda su magia:
otro día, eres tú otra nueva,
los mismos resortes hábilmente incontrolados…
…¿y serás algo definitivo o no serás
sino simple eslabón de esta cadena
que nos ata el sentido de lo absoluto?
¿Cómo recuperar la esencia de lo que no queremos
repetir? ¿Dónde mirar si sólo deseamos aprender?
¿Cuánto cedernos para poder recobrar nuestro
          espejo?
-aquél que nos devolvía
tan perfecta imagen de la inocencia-.

Mil interrogantes mil veces angustiosas
y con todo, ¡gran bondad de la naturaleza!,
tropezaremos dos veces más gustosos en cada
          piedra.
Y la suerte de estar vivos abrirá los brazos al
          caernos.

Tac-tac. Reloj imparable que seguirá
gritando en la oscuridad. Estar asustado
y con temor de sentarse en el filo de nuestros
          bordes.
Sostener cada uno la razón que nos dejamos.
Abrir las puertas una noche o un año más.
Buscar que no se rompa el deseo antes de que salga
el sol.
O llamarnos a la mesura cuando ya
nadie puede parar.
Soñar con la chica que desde ayer

te va a esperar
y no olvidar el dos por cuatro
de la serenidad fogosa en la garganta.
Porque lo difícil, bien lo sabes, es reinventar
el deseo de seguir. Nada es más importante
que saberlo.

Madrid, 30 de diciembre

****

SOPLO DE VIDA

Ayer, de nuevo.
Salir a por todas y saberte iluminado.
Plantearte simplemente un instinto que te guíe.
Y, claro, que cuando se cruzan las fuerzas
innombrables, es casi irracional y lúcida sensación
comprobar cómo todo va surgiendo.
Y aun así, cuanto más maravilloso
te encuentras de bruces mecido de la luna
más hermosa, dulce y repentina.
Empezar (ya sientes que ha empezado,
aunque no lo sepas) por una sinceridad que te
            anonada.
Y en ese punto inflexible
donde sólo hay horizonte sin retorno,
cruzarse de miradas que preguntan,
buceos de deseo en un mar transparente
y agitado, y apreciar el relámpago

que parpadea un instante el presente
para, a partir de entonces, asentarse
en rítmicos golpes de esperanza.
Y desatarse toda la furia de lo que debe
suceder, asirte lanzado por un soplo de vida
como nunca; no descanso posible es entonces,
porque todos los gestos que convergen
te dicen que el tiempo ya no importa,
ni alrededor, ni atrás, sólo el exacto centro
de la vitalidad que discurre ante tus ojos,
que te impulsa a amarrarte a ella
y en sus labios, el cuello…
Querer desdoblarte para poder
sentir y expresar al mismo tiempo,
derrochar entera toda tu fuerza
y mantener esa serenidad que necesitas para
              endulzarla.
Jugar a un juego que te absorbe y que quieres
ganar y que te ganen y no parar,
que da igual lo largo o corto de la espera,
que pensarás que llevaras cien vidas pasadas
sólo para ésta, que es descubrir que sólo
vale este momento, ya único ser consciente
en tu cabeza y que aun así, se amansará
y se arremolinará eternamente en esa noche
y en las que vengan.

Madrid, 5 de marzo

****

¡YA!

¡Desnúdate!
Quiero verte bien.
No me conformo con ser.
Te sé más transparente.
¡Déjate!
Estoy aquí. No tienes que pensar
que me voy a ir.
Te espero como tú quieres dejarte.
¡Ríete!
Como tú sabes, como yo hago.
Ya ves: nada cambia. Todo mejor.
No me digas que también lo espero de otra.
Somos-ahora es lo que importa.
¡Suéñate!
Te puedes encontrar mejor.
Debes descubrirlo, es más.
No mientas, ni hables, ni llores;
sólo: ¡desnúdate!
¡Vívete!
Y a mí, es nuestra elección.
Luego verás que es lo-para recordar.
Y sentir. Y vibrar.
Esta noche, como ninguna.
Mañana, como jamás.
Todo por delante. Nos viviremos.
¡Bésate!
Como dos labios que buscan otros.
Los míos. Los tuyos. Los dos.
¡Siéntete!

Es más fuerte así. Como nunca.
¡Ya!

Madrid, 30 diciembre

****

PREGUNTA

Sin entrar al fondo,
sólo rebotando los ojos en los espejos
exteriores, pudiera decirse que no hay nada nuevo.
Volviendo al inicio -¡tan cerca!-,
parece que hubo siempre iguales,
similar modo.
Tras el fugaz estallido
-repetido y prolongado en lo que dura una noche-
también sentimientos que ya me son familiares.
Hasta los gestos y sonrisas
los creería aprendidos por la memoria
de los días que se marcharon siendo lo mismo.
Y, en cambio, matices distintos
-hecho indudable y necesario, pues, si no
que el hastío fuera decepcionante-
refuerzan la convicción de lo genuino y
          espontáneo,
pero,
        ¿lo es?
Valdría igualmente aquí lo ya dicho:
vivir el momento sin forzar el siguiente

tal vez sea el mejor camino para aclararse.
Y así renueva fuerza la duda inquietante
-contradicción eterna del que quiera ser libre-
del porqué de aclararse
y del cómo, aun en tal empeño, no romper
la magia de lo desconocido pero intuido,
de lo descubierto a ráfagas de luz propia o ajena,
de lo misterioso del sentir y no saber,
de la magia de volver a seguir un cabo
que todavía no te preocupa si quedará suelto.
Irrenunciable esencia del antídoto,
salto en el vacío acompañado,
sin-paciente esperanza no esperada,
contrapeso justo a la angustia de saberse limitado,
doble respirar un aire mismo,
suave balancear de la inocencia,
caricia de la respuesta sin reproche,
viva como viva será la guerra
que nos mate…
Y, finalmente,
novedad de lo que nunca sabes si será nuevo.
Por todo: valen dos gestos,
vuelen palabras, baile el deseo…
que hoy y siempre me haga esta pregunta.

Madrid, 8 de marzo

****

EQUILIBRIO

Desear no sufrir ni herir.
Encontrar ese algo que esperabas
y ser; simplemente, ser.
Amar lo que te llena todo
y, aun vacío, seguir amando.
Consolar el miedo y hacerlo
sin que el que consuelas se dé cuenta.
No ocultar lo que no sabes
y buscar respuesta a lo que no quieres nombrar.
Crear con fuerza algo nuevo
y distinto, dulce y fuerte;
que el auténtico equilibrio venza a la rutina.
Procurar la coherencia aun en lo voluble del
            sentimiento,
consciencia de nuestras limitaciones,
orgullo sano de nuestra fuerza.
No querer arreglarnos de un plumazo
los desdenes de la impotencia.
Reír defectos y cualidades mágicas;
saber regalarnos esa risa
porque en lo cotidiano, no basta una mirada,
a veces.
        Pero, también:
Perder el número exacto de los que ya fueron.
Olvidar tantos nombres otros días inolvidables.
Atrancar el pasado en un punto
y saber ya no vivirlo.
Justificar inútilmente nuestra inconsciencia.
        Sólo el futuro: vencerlo haciéndolo vivo

en un presente lleno de seguir adelante;
superación por sí misma y en sí misma justificada,
aunque a veces resulte difícil superar lo
          inmejorable
o la comodidad de lo que ahora basta.
Pero sólo la lucha nos mantendrá despiertos
o dormidos o borrachos de presente, de hoy,
de ahora, de siempre
y de tantas esas cosas que justifican y hacen cierta
la existencia,
palabra de dejarse llevar y resignarse,
que no es
sino de marcar el propio camino,
el único que nos hará libres y personas.
          Y, por fin, responder definitivamente
a aquella angustia que nos mataba:
que el infierno no es el único camino que nos
          queda,
simplemente es el único que no lleva a ningún
          punto,
sino al de partida.

Madrid-Sitges, junio-11 de agosto

****

SOLO UNA CARTA

Maravilloso saberse tan querido y, a la vez,
justo equilibrio de lo que no tienes que ocultar.
Sentir incontenible de todos los momentos
y de cada gesto o palabra tan sencillos y vibrados.
Querer –y poder- mirar juntos en una misma
        dirección
y ver tantos horizontes igualmente apetecibles.
No tener que dominar ni dominarse,
sólo la esencia indescriptible de saberse tan vivo y
        fuerte.
Y actuar con toda la delicadeza y dulzura.
Precisar nuevas palabras, no nuevos sentimientos,
porque una vez sentido, comprendes que puede ser
todavía más, difícilmente menos, aunque también,
¡qué poco importaría que este mismo momento,
estos
mismos días, fuesen distintos o no,
pero con la misma fuerza y tan exactamente
        contigo!
Simplemente, querernos de esta forma
        inimaginable
y cierta,
buscarte o no buscarte y saber que estás ahí,
hablarte o guardar silencio
y entender que me comprendes,
besarte o sólo mirarte
y no necesitar que me digas nada más,

apoyarte o pedirte ayuda y, en el fondo,
comprender en el momento que me bastas tú,
confiar contigo sin desconfiar de mí
y apalabrarnos justamente la esperanza,
tener tanto que hacer y con tranquilidad
ir descubriéndonos juntos en tales propósitos,
la Autónoma, una cena, los Pilotos, Sitges, tu casa,
Mecano, una terraza, cerveza, Serrat, escribirnos,
labios,
pelo, mar, una tormenta, trenes, taxis, amor,
tabaco, canciones, paseos, tus manos, lentillas,
duchas,
trabajos, Carabo, Teresa, sonrisa, sol, Juan,
teléfonos,
encuentros,
qué mas,
unidos,
inteligencia,
entereza,
ronroneo,
oscuridad,
armonía, paz, serenidad, inquietud, justicia, tú.
Ya te lo he dicho y todo lo que me queda por
                decirte
y por quererte.

Sitges, 11 de agosto

****

POR ESO CONFIO

Soñar con un tiempo en que la paz
del alma no sea un pulso ganado
entre dos huecos.
Descifrar el enigma de tus labios
sin tener que recurrir a la máquina de escribir
recuerdos.
Encontrar en un punto del horizonte
la estrella que ya nunca ha de apagarse
mientras ande.
Canturrear el espejo de plata del amor
no mercenario ni suplicado
en un momento.
O apretar condensada la libertad
hasta que inflexe.
Todo es cuestión de confianza…
en esa suerte está mi suerte.
No he de perderla.
Por eso confío.
Y confiaré serenamente.

No es que hoy no haya luna.
Simplemente está esperando.

Madrid, 3 de diciembre

****

LUCHA

Sensaciones confusas,
encontradas con sentimientos que deseas no se
      acaben.
Tolerancia e independencia chocan con
libertad salvaje y no querer nada que ate.
Acérrimo afán de fortaleza, brutal avasallamiento
que impones porque así ha de ser
y debilidad insegura y soñolienta al darte entero y
      aún escondiendo
siempre tu jugada.
Desesperación al saberte más posible entregado,
ser capaz de ser capaz y asustarte
al verte abocado a la existencia.
Quizá -ya o no ya- imposibilidad de renunciar
a la inesperada consunción de deseo y realidad.
Dominio y dominado, futuro que sabes puede
autenticarte en tanto tú lo logres,
porque depende de ti. Facilidad que te obliga
a luchar y a superarte y a veces no quieres.
Aprender a dar todo sin esperar recibo:
en eso está la esencia y lo costoso.
Juegos, celos, deseo, libertad, independencia
a dúo o en multitud desparramada,
equilibrio, dureza, ternura, fantasía y certeza,
miradas, palabras, no ruptura a la inocencia,
enigmas, consideración.

Madrid, septiembre

****

BREVERIA

Obnubilado, agotado, espírico,
fortalecido, rapidez, entusiasmo,
capacidad, incapaces, seguir adelante,
creer, confianza, superación, comprensión,
meta, límites, ilimitados,
prisas, desengañar, no atención, observación,
lo siento, no hay otro modo, disimulo, necesidad,
tentación, apoyo, resistir porque yo quiero
y puedo, ojos, mirada, interrogación,
engreimiento, realidad, certeza, acercamiento,
distancia, volver atrás, futuro, mañana,
tal vez, trabajo.

Madrid, 26 d'octubre

****

VIVO

Remolino insaciable de lo antes parecido
pero nunca igual, menos ahora,
en que nada te vale tánto como estar vivo.
Tres o cuatro noches definitivas
en que un espíritu mágico movía tu fuerza.

Encontrarte algo nuevo en lo ya habido
y resultar que todo lo anterior ya no servía.
Saber por fin que ya no necesitas planteamientos
estériles sobre lo que merece la pena y lo
            que no importa,
porque cuando menos te lo esperas
surge de la penumbra un sol que ciega;
el sol de sus días y sus noches,
el sol que te caliente al despertarte
y encontrar a tu lado esa sonrisa…
… que no habría balanza que la pesase,
ni pluma ni papel que la pintase
como es ella. Sólo mirarla y saberte cierto,
escuchar su voz tremenda o tierna,
el dos por ocho de la serenidad fogosa en la
            garganta
ahora sí existe y es el único importante:
por siempre que nunca antes voy a intentarlo como
            ahora,
la quieres y basta,
y ella lo mismo y en eso está todo;
lo demás, nada.

Madrid, 12 de julio

****

NOCHES

Noches, miradas, bares, deseos, sorbos.
Conocidos, desconocidas, interés, recíproco,
        contactos,
frases, sonrisas, aprobación, ceremonioso, rito.
Alcohol, Chester, lavabos, espera.
Vigilar, hablar, besar, buscar, perder,
ganar, seguir, desistir, bailar.
Noches, noches, noches
que te valen por sí mismas
o te dejan sumido en la penumbra;
noches en que nada está prohibido,
noches a dúo o a trío,
o tú solo rodando entre otras ruedas,
noches también caras y otras
que te cuestan el día siguiente,
noches de Madrid, esencialmente,
y de Gandía o de Sitges, de Atenas o de Creta,
de Ankara o Estambul,
noches.

Gandía, 26 de agosto

****

TANTO

Tanto, tanto… ¿para algo?
Tanto ir y venir días y noches,
tanta clase y tantas horas en medio,
tanto ahorrar al no gastarme el tiempo
según me viene
y , aunque no renuncio del todo,
tanto quererla y dejarme querer sin reparos,
tanto dar y, más aún, darme a mí mismo
en el empeño,
tanto todo que no me deja de asustar,
cada vez menos, pero, con todo,
¡tanto!...
Tanto buscar y que busqué y seguiré buscando,
tanto intentar siempre lo máximo,
tanto no conformarme con lo menos,
tanto abrirme y cerrarme en un mismo gesto,
tanto escribir, tanto hablar, tanto soñar…
Tanto, tanto, tanto es lo divino de saberse limitado
y no resignarse.
Tanto y más que estoy vivo.
Tanto.
Por siempre y por ahora, tanto.

Madrid, 30 de octubre

****

MENOS

Miedo, dolor, impaciencia, inquietud;
sólo el tiempo, siempre el tiempo,
todo el tiempo atrás y adelante
y, sobre todo, ahora.
Maldito tiempo y malditas horas.
Malditos cuando sabes que te superan.

Alguien dijo: "hay épocas y épocas,
y épocas que se convierten en eternidad".
Eternidad angustia la palabra
y agobia los huecos rellenándolos
en el vacío.
El vacío que sabes que está lleno…
Miedo.
Y fuerza
que se convierte en fantasma,
inexplicablemente, impulsivamente,
me derroto y no me venzo.
Quisiera comprenderlo y, al tiempo,
me digo que es normal.
Y me lo creo. Y no tardo ni un segundo
en volver a agobiarme.
Quizá esté acostumbrado a escaparme,
cogerme la noche y bebérmela de un trago,
apurarme en unos labios de mujer
-¡tan inocentes o injustos!- la debilidad,
jugarme la vida en cada coche,

sabiduría de que engaño y no hay coherencia.
¿?
Siempre la pregunta, y el tiempo.
Y el tiempo sigue y la pregunta se transforma
y adquiere formas tenebrosas.
Pero no tengo más que respuestas y
no llego a la pregunta,
porque aún no he encontrado
la única respuesta que descubre la pregunta.
Y cada vez menos tiempo.
Menos.

Madrid, 23 de diciembre

****

TODO

Con todo lo que hay
y todo lo que será,
con tanto y tan poco en nuestra contra,
con días ya pasados pero nunca muertos
y seguimos sorprendiéndonos aún más….
Magia brutal que no sabes cómo.
Destellos que surgen y explotan la rutina.
Vivir separados y sentirnos juntos.
Capacidad de demostrarnos nuestra fuerza.
Ilusiones que cuestan y merecen.
Cosas dejadas de hacer… de momento.
Y otras no planeadas y surgidas.

Vida, vida, vida que tenemos
todo en nuestras manos
y por delante.
Y no sé de dónde sacar el tiempo
y lo saco.
Y creo no tener más fuerza
y la tengo.
Y tanto por hacer
y siempre más
y todo me apetece
–aunque muchas veces nazca la pereza-.
Y confianza –a veces, muchas;
otras, más-.
Y tanta gente que merece la pena
–y más que aún no descubres-
y escribir y pensar y amar
y correr y salir a por todas
porque todas están con nosotros.
Y momentos débiles a los que se vence
o en los que se cae,
pero siempre hay un después.
Lanzados a la existencia.

Madrid, 10 de enero

****

TODO (2)

Te lo debo todo. Y más.
Pero tú nunca me cobras nada,
sólo esperas que sea feliz. Y en eso estás.
Y cómo lo consigues siempre
que yo no me mato en el intento.
Debo sacarte y suelo esconderte…
… pero, cuando me lanzas…
¡cuánta vida corremos juntos!
Es tan fácil y me lo complico tanto…
Un puente de mí a los demás,
y puentes entre ellos,
y ni odio, ni incomprensión,
sólo todos y en todos, tú.
Y paz, una paz dinámica y entusiasta
que acabe con la monotonía y el cansancio,
fuerza que luche por no imponerse
sino por amar y descubrirte en cada gesto
del hermano, del amigo, de lo desconocido,
de la amante, del día y del sol,
de la borrachera y del encanto de la noche
inesperada, del aprender y el olvidar,
de lo que quede y lo pasado,
de sueños y esperas impacientes
de cada minuto y cada instante
detenido, de la sonrisa y de la lágrima
compartidas, del beso y de la discusión apasionada,
del mar y de la playa y la ciudad,

del dolor que no entendemos
y superamos, de la alegría desparramada,
de la soledad buscada y de la búsqueda
de los demás…
De todo.
Por eso. Gracias.

Madrid, 23 de abril

****

MI ESTACION

Tanto tiempo que es…
detrás.
Sólo lo pasado ya es tuyo y, comprensible
e intolerablemente,
escapa cada vez más de tu lado.
Calles semivacías, algunos huecos,
frío en viento nocturno,
soledad ocasional o continuadamente compartida.
Un cigarro que en realidad no fumas…
Bares con gente, gente sin bares.
Pasión o ganas de deseo.
Risa y amigos y palabras y frases que te marcan.
Tu ciudad o ciudades ajenas y no extrañas.
Música perpetua que cambia siempre.
Líos o paces, serenidad agitada.
Proyectos e ilusiones, desesperanza amarga.
Claveles y rosas, algunas demasiado ajadas.

Andar haciendo eses…
… con las alas.
Amor que dura una noche,
noches encadenadas.
Porque la noche es siempre mi estación preferida
(tal vez Madrid sea mi causa).
Y cuando me vaya…
esta ciudad y otras seguirán esperando la mañana.

Madrid, 16 de marzo

****

TODO (3)

No es fuerza ni debilidad,
no es miedo ni esperanza,
no es soledad ni más gente,
no es tristeza ni alegría,
no es paciencia ni consumirse,
no es locura ni serenidad,
no es masoquismos ni huida,
no es perderse ni buscar,
no es distancia ni incomprensión,
no es injusticia, no es merecer,
es todo y más que mucho eso:
vivir sin medias tintas,
amar hasta el final,
saberse limitado y, con todo, luchar,
o no luchar cuando no puedes.

Casi todo está ahí
y vale que no puedes pintarlo como quieres,
pero sí meterte dentro y aprovechar sus colores,
sus olores, sus sonidos, sus sabores,
poner más ganas o simplemente las que tienes,
pero ésas ya son muchas y lo importante,
que no nos van a romper la esperanza
ni todo lo que tenemos por delante;
en eso nos movemos,
la fuerza está en nosotros y en todo
el amor que nos han dado.

Madrid, 30 de octubre

****

ESE DIA

Cuando me vaya,
no se irán conmigo las calles ni los árboles,
ni las mañanas de lluvia o el sol cuando cae,
ni el mar en otoño, ni el cielo en verano,
ni Madrid con sus noches,
ni los días de blanco;
no se irán conmigo los nuevos amantes,
los niños que nacen, los padres ilusionados,
ni podré llevarme tantas caras amadas,
tantos rostros amables, tanto amor…
A veces quisiera ser egoísta y
lanzarlos de un plumazo

el día que me vaya…
Agarrar al vuelo todo lo hermoso
y secuestrarlo en mi huida hacia el ocaso,
para que así pueda seguir sintiéndolo
después de entonces.
Y a veces no entiendo por qué se me veda
tal deseo;
por qué y a quién le importaría
que así fuera…
¿Acaso no seguiría todo junto,
con los mismos sueños y la misma vida?...
No, ya sé que no es posible;
ya entiendo que los gorriones
deben seguir saltando por su cuenta,
que las flores deben nacer en primavera;
que el amor debe seguir aunque ya
no pueda amar…
…el día que me vaya.
Pero sí sé que me llevaré tantos recuerdos,
que da igual que vengan otros
que no viva,
que ese árbol, ese gorrión, esos ojos,
esa noche, ese amor, ese mañana,
sí que estarán conmigo para siempre,
el día que me vaya.

Madrid, 23 de marzo

****

ALGO MEJOR

Allí y aquí, la vida no juega siempre a ganador.
Pero ésa es la magia: resurgires cuando parecía
        imposible,
trampolines de colores y sensaciones y
        descubrimientos
y, al fin, de todo lo malo quedará algo mejor.

Madrid, 6 de diciembre

****

HUMO

Impaciencia de no sentirme.
Rabia de dictarme un futuro desde fuera
y apuntalarme el presente sin saberlo.
Culpabilidad de no resignarme a perderte
y parece que vaya empeñándome en conseguirlo.
Soledad de estar rodeado y no apreciarlo.
Ingratitud de no poder agradecer que otros me
        quieran.
Incomprensión al saberme comprendido.
Incertidumbre de no saber por qué no quiero.
Desesperanza de no esperar que haya esperanza.
Locura de saber que estoy tan cuerdo
que el único modo es perder la razón.
Cobardía de ser valiente como para jugarme la
        infelicidad.

Y Secretos dicen: "semiasfixiado en humo y en
          alcohol"
y quiero perderme en el humo y el alcohol
y necesito estar triste para sentir que aún vivo
lo suficiente y me importa hacerlo,
que ya no se ha ido el tren que antes volaba
al rodearme con su fuerza que me diluía
al hacerme presente que el destino estaba
marcado pero yo sólo iba a encontrarlo
encontrando cada punto del firmamento
que me esperaba y siempre lo había hecho
y seguiría allí hasta tocarlo.
Pero ahora ya sí
que no puedo jugarme en cada carta
la partida, porque de una vez he encontrado
que sí que me importa si gano o pierdo
y que lo importante no es sólo el juego
en sí, porque si ahora pierdo no sabré
ni podré ni querré seguir jugando,
sino que me limitaré a ver cómo las cartas cambian
de mano y el humo envuelve todo
menos mis ganas que ya no serán.

Madrid, 9 de noviembre

****

MI LOS DOS

Mi palabra y mi gesto,
mi deseo y mi voz,
mi esperanza y mi sueño,
mi mejor creación,
mi nostalgia, mi campo,
mi lluvia y mi flor,
mi luna serena,
mi decir tanto adiós,
mi aventura, mi noche,
mi tabaco, mi alcohol,
mis amantes de antes,
mis viajes de dos,
mi maleta y mi rueda,
mis paisajes sin sol,
mi alegría y mi llanto,
mis palabras de amor,
mi cansancio y mi fuerza,
mi coraje de Dios,
mi cama y mi manta,
mi paz, mi pasión,
mi mañana y mi tarde,
mi acierto, mi error,
mi mirada furtiva,
mi descaro y rubor,
mi agosto y mi enero,
todo mi calor,
mi Turquía, mi Grecia,

mi mar, mi rumor
en la arena perdida
y ganada para siempre, mi amor.
Y nunca podré querer como te quiero,
porque por fin he descubierto quién soy:
soy los dos.
Soy los dos con otros besos,
los dos en otras antes,
los dos borracho o sobrio,
los dos alegre o triste,
los dos aquí o en otra parte,
los dos sincero o mentiroso,
los dos con miedo o fuerte,
los dos aún en mi egoísmo
y los dos en las personas que queremos,
los dos en uno y los dos.

Las Rozas, 26 de agosto

****

VOLVER

Volver hacia atrás.
Encontrarte un día
con que el tiempo no se ha detenido
en los, para ti, ya siempre
fijos en la memoria, días de Universidad.
Contemplar fijamente, bajo el gris
que lo aumenta, el verde apagado

de los árboles o el césped,
o lo vacío por lo lleno de caras que no son tuyas,
de pasillos y clases y sonidos.
Deambular perdido por tus recuerdos
y saber que ahora sí son eso.
Comprender que no siempre
pueden saberte lo que sueñas.
Y seguir, caminando,
hacia un tiempo que va dejando
el que se ha ido.

Madrid, 24 de febrero

****

SOBRE EL AZUL DE CADA GESTO

Te querré sobre el azul de cada gesto,
en cada estrella, en cada noche, en cada sueño;
seguirás junto a mí cada nuevo día,
en todo instante.
Y haré de todo lo que me diste un canto que
te llegue junto a Dios y te diga que tu hijo
no olvida el camino que un día empezamos.
Y haré presente tu enseñanza siempre,
ese amor que en ti aprendí como en nadie,
ese todo-dar que me inculcaste
y aún me inculcas,
esa sencillez, esa ternura,
ese saber que el amor es lo único que importa,

esa sonrisa, esa ilusión si yo lo estoy,
ese confiar y esa fe que te costaba pero ha vencido.
Por siempre que seguiremos juntos.
Sigue mostrándome el camino
que aún te necesito.

Madrid, 16 de diciembre

****

SIEMPRE

Y seguirás a mi lado, siempre,
cuando mire al cielo y te vea en cada estrella,
cuando cante el pájaro en primavera
o en la lluvia que me moje dulcemente;
tu aliento me envolverá con cada brisa
y tu voz restallará con cada ola;
sobre el mugir de la tierra te harás risa
y en todos los campos, amapola.
Y sonreirán los niños tu sonrisa;
no dejará tu sol de acariciarme;
te llenarás de blanco en cada luna,
y aún el silencio callará para escucharte
acunar una nana en cada cuna;
me mirarán tus ojos, dos luceros;
me abrazará tu amor en cada abrazo;
será tu paz la estrella de mi faro
y tu imagen, la cara de mi espejo;
no añoraré los días que se fueron,

pues viviré los sueños en presente,
dibujando con tus huellas el sendero
que proyecta tu semblante sonriente;
serás tren, árbol, lejanía,
horizonte de esperanzas renacidas,
roca frente al mar embravecida
o ternura amaneciente amanecida;
batirán tus alas tristezas y amarguras,
convirtiendo en remolinos mis derrotas;
atravesaremos juntos la espesura
y anidarán en tu pelo las gaviotas.
Y volverás a ser cada mañana,
cada tarde, cada noche, cada estela,
cada barco, cada cielo, cada vela,
cada parque, cada rincón, cada ventana;
me llevarás en volandas de la vida
y del amor a las praderas
donde serán razón nuestras quimeras
y brotará una flor de cada herida.
Hasta que un día, tal vez en primavera,
cuando mi tiempo haya colmado su medida,
me llamarán a tu encuentro las estrellas
y no habrá llanto, ni dolor, ni despedidas.
Y siempre te querré.
Eternamente.

Madrid, 21 de diciembre

****

ANTES DE AHORA

     Antes:
calles mojadas, pisadas, miradas,
un niño perdido entre el mar que desataba
mi propia sensación de necesitar vida,
alcohol por siempre compañero,
ron, ginebra, whisky y tabaco,
todo, todo, todo, para hallarme,
siempre, siempre, siempre hacia adelante,
quemar toda mi fuerza en un momento
y despertarme y tener que volver a empezarme
nuevamente cada noche,
sin buscar, pero encontrándome la búsqueda
al no ocultarlo,
sin pensar, pero analizarme la necesidad
de no entenderme,
cuantos más labios, menos tiempo
para amarlos y más para enamorarme
de lo que fueron en ese instante,
en todas las caras que me añoraron,
vivir dos veces el mismo beso,
para, al final, puertas que me abren
otras puertas
y todo
sin un motivo aparente,
como por nada y por todo siendo yo y
no sabiendo que menos ni que más,
sólo intuición, pero tántas…

Ahora y sólo –hasta hoy- en este instante:
calles rectas o dobladas, consuelo que doy
y sonrisas llenas que me entienden pero no
        aprehendo,
sólo necesidad de no necesitar nada y
gestos y palabras y cantinela del darme cuenta que
        me muevo
lógicamente, serenamente, tranquilamente
y no sin un querer llegar a ningún lado,
y siguen anunciándome los gestos del deseo,
pero lo único que aprendo es a contarlos,
seguridad de saberme encarrilado,
de verme reflejado en otros lo que valgo,
pero, por eso mismo, ¡tan inseguro!,
porque no hay nada que tema más que ya no buscar
        nuevas perspectivas,
no intentar siquiera burlar al destino,
no competir con mis propios sueños
en un duelo a muerte y del que siempre sale vida,
porque lo único que no podría perdonarme es
        escurrirme
lentamente…

¡¡No!! No estoy dispuesto y soy…
soy la fuerza de abandonar cualquier cadena,
cualquier mascarón de proa que corte
el mar infinito en que quiero zambullirme
permanentemente,
soy la locura de no aceptar
lo cómodo asegurado y

apretarme el ombligo en cada intento
de descubrir la verdad y la belleza,
aunque me pierda o me caiga o me alborote.

Pero lo cierto es la fuerza del amor
que no se amansa,
sino que se torna claro
para erguirse frente a frente.
Y ese amor sí que vale todo
lo que somos y seremos en todo tiempo,
aún incluso si alguna vez no ya volvemos…
Y eso lo sé como sé que no podrán volver
los momentos ya pasados,
como sé que esta tarde o aquel viernes o
todo el tiempo
seguirá siempre ahí.
Y tal vez la luna se llene nuevamente
muchas noches,
o el sol se ponga tras las huellas del camino
que vayamos dejando…
lo importante es que sigamos caminando…
¡ojalá juntos!, pero, si no
-desengañémonos-, seguiremos queriéndonos,
pero seguiremos.

Madrid, 16/17 de noviembre

****

ESA SONRISA QUE SIEMPRE AÑORO

Enfrentado a la triste soledad de no apreciar
a borbotones tu presencia, ya hace un año
y casi el tiempo ha sido el juego de toda
una vida:
de lo más grande y menos sospechado
que iba a existir
al llanto silencioso de no sentir apenas;
de escuchar y sentir y tocar a Dios
en tu agonía
a la vida muerta de mis sueños por ahora…
En aquella tarde fría y callada, te hablaba,
aun sabiendo que no podías escuchar,
pero conociendo que entenderías igualmente;
tu respiración buscaba el cielo conforme
más se le imponía en este mundo…
Te estaba perdiendo y nunca antes
me arrojaban inexorablemente y a marchas
forzadas mi impotencia como entonces.
Y yo lo había sabido desde el principio,
desde el momento en que se marcó la lágrima
en mi retina para siempre,
y, ¡sorprendentemente, maravillosamente!,
todo había sido un crescendo
por conocerte aún mejor y descubrirme sin querer:
angustia inicial inconsolable, pero que se tiene
que hacer fuerte ante papá y ante ti misma,
abrazarte apurando las lágrimas
para que no te des ninguna cuenta,
mirarte y tener que escapar a la imagen

de algún día ya no verte,
darte todo el amor pero procurando contenerme
la ternura y la locura en equilibrio;
pero, poco a poco, ir aprendiendo que tu sonrisa
vale más que mil angustias,
saber que tu amor, antes que morir,
va creciendo y dándonos las fuerzas
que nos faltan para regalártelas;
yo, siempre pensando en ti…
hasta que, ¡por fin!, la pena da paso
a la admiración, a la auténtica comunión,
al unirme para siempre en aquellos días
al carro del que ya formabas parte,
soñando en Dios que viene a levantarnos
y a llevarnos de la mano;
según menos me ibas diciendo con palabras,
más sentía que tu espíritu ya estaba por encima
de todo lo efímero y humano,
ya más sentía en ti esa fuerza.
Y, en cambio… ahora ya hace un año
¡y cuánto me cuesta encontrarme en la mañana!,
¡cuánto sonreír auténticamente!, ¡cuánto sentir
que Dios sigue a mi lado
y tú con él!
¡Pero es cierto! Y fácil: sólo tengo
que mirarte a los ojos en cada hermano
y os veré a los dos y a todos juntos:
veré la sonrisa aquélla que siempre añoro…

Madrid, 11 de diciembre

****

EN ESO ESTA LA MAGIA Y LO QUE VALE

Descubrimiento fugaz que todo vale;
por un punto en una noche,
mil líneas se separan desde una,
otro nuevo hogar se remansa y se dispara
en unos ojos;
el alcohol que también cuenta,
pero me niego a creer que es sólo eso,
porque con todo o nada, existe,
está ahí, cuando menos te lo esperas
te toca y ya no puedes resignarte
a dejarlo pasar,
te ha marcado por más que puedas
olvidarlo o no atreverte al día siguiente.
Creer haber alcanzado el ideal,
pero noquearme la creencia el comprobar
de vez en cuando que el ideal sigue existiendo
y sigue esperando en cada hueco
de mi existencia
y no un conformismo ni inconformismo mal
        entendido.
Ayer plantearme seriamente alguien y yo mismo
si la utopía es irreal y por eso tiene sentido.
Yo, de repente, hablando de que el ideal
estriba en vencer tus limitaciones
o en limitar tu vencimiento,
pero, sin embargo, descubrir finalmente,
casi en una intuición que me vuelve bocabajo,

que no he ganado nada todavía
en este convencimiento,
porque sigo aprendiendo de atrás adelante
y de hoy a ayer,
que todo puede dejar de valer
si te quieres creer que ya está hecho,
de que un día convergen las líneas
y de ahí sólo puede salir el horizonte,
de que basta creer y querer para que
creas y quieras y lo logres.
Y no: tus deseos no tienen por que
ser coherentes con tus sueños, si no
dejas que tus sueños se manifiesten.
Y simplemente hay un hecho que lo demuestra:
no saber explicar lo que te ocurre
cuando un giro de la vida
te da la vuelta en el espejo
y te ves mirándote al vacío.
Y entonces ya no eres lo que se suponía
y tú creías, sino alguien
que busca sus respuestas,
solo ante sí mismo y ante nada.
Y buscas otras salidas y otras respuestas
e imaginas, pero te has matado
ya por siempre la imaginación,
y quieres el equilibrio y quieres renunciar
a la balanza
y el fuego del amor del hoy
se aparece en un trineo
y te roza la nieve del despertarte
tiritando de felicidad o de sentirte

simplemente vivo de tus ganas
y tu esencia, la verdadera por saberla aquí
de repente o tras un paréntesis
de locura cuerda de seguir
lógicamente el camino que bordean
los árboles de una madurez
que vas aceptando se te imponga por ti mismo
y serenamente rebelarte contra esa sensación
de que no te vale no vivir a trompicones
pero no acatar la sentencia de que es cierto,
sino acusar el golpe sin caerte.
En eso está la magia y lo que vale:
volverá a ocurrir y ojalá –sí– vuelvas
a sentirlo.

Madrid, 12 de abril

****

REENCUENTRO

Buscaré más allá de lo evidente una razón,
una sonrisa, una esperanza.
Aparente contradicción cuando es más el amor
y, en cambio, tristeza de sentirme dividido.
Tal vez esconda en el hueco de mi fantasía
una terrible soledad hacia mí mismo
o tal vez deba siempre ser, ante todo,
y no yo, o el otro yo, ni siquiera otra cosa,
sólo ser y ser puramente.

Pero he ahí la dificultad, el añadido:
ser en algo, ser ahora o después,
ser con alguien, ser desde aquí o hacia allá,
ser triste o abalanzado,
ser distinto y ser lo mismo,
ser algo… ser por algo…
Y lo peor no es simplemente lo más duro,
pero sí se presenta ante los ojos:
soy, ¿pero debo ser así?
Tal vez en esa pregunta que no quiera hacerme
busque el punto en que rehuir la esencia.
Quizá deba escapar para no atormentarme
en el hecho de que no soy más que contingencia
que se busca.
Con todo: Dios no va a llevarme a todas partes
de la mano.
Pero y si es tan sencillo como miedo
y cobardía.
Porque si unos ojos te miran y te dicen: "en ti
        confío",
no puedes traicionarlos con tus dudas.
Sé valiente y diles que no puedes, que no eres
nada más allá de una noche que busca
prolongarse o soledad que quiere compartirse.
Denuncia el juego que marca lo que se te escapa.
Puede que entonces me dé cuenta
de que sí hay más que este momento que ahora
        tengo,
más que creer que no te importa
lo que luego te deja tiritando la mañana,
abatido de comprobar que no te entiendes

y encima haces creer que eso es lo bueno.
¡Ah! ¡Si el mar pudiera caber en unos ojos!
Si el cielo despertase en una sola caricia.
Si una palabra fuera siempre en cada paso
y no tuvieras que pisar tus propias huellas.
Ojalá pudiera así calmar de golpe todo llanto,
abrazar a todo tiempo con mis manos,
anidar en un gesto el dulce aliento
de un amor que no midiese ni contase ni pesase.
Sería entonces mucho más que cualquier cosa,
mucho más que un olor, que un sentir,
que un abrirte los oídos o los ojos.
Sería entonces cualquier lugar, cualquier mujer,
cualquier alondra…
Sería ser mucho más que todo ser
y, al tiempo, nunca ya pensar qué soy…
Pero es posible que sólo sea este momento.

Madrid, 8 de junio

****

Y YO CONTIGO

Entregado, herido, mísero y grande,
con sentido, trascendente, desconsolado y lleno,
solo, encerrado, yo y muy por encima de mí,
sin comprender, sin saber, sin poder creer,
pero infinitamente amando;
desahuciado, expulsado, abandonado y yerto,

desabrido, exilado, débil y yermo,
frío, tiritando, apagado y hueco,
pero cierto, ansioso, esperante, expectante,
iluminando mis tinieblas una luz a lo lejos,
porque resucitarás,
y yo contigo,
siempre.

Madrid, 12 de abril

****

SOMOS

Querer sin límite sin jurarse amor eterno.
Amar eternamente sin sentirse encadenado.
Encadenarse a tu libertad sin romperte en
       cada gesto.
Romper todos tus gestos sin renegar de tu pasado.
Olvidar otros momentos sin lanzarte hacia el vacío.
Pero quererte sabiendo que todo puede ser
y lo único cierto es que somos, fuimos y seremos.
Venga todo,
deprisa o despacio, suave o bronco,
dulce o amargo, tenue o deslumbrante,
sereno o alocado, loco o cuerdo,
pero siempre, siempre, hacia nosotros.

Madrid, 7 de junio

79

****

NO SÉ CÓMO

Facilidad del deseo mezclado con vida;
tornasol de sentimientos que barruntan
tu esencia simplemente descarnada:
eres, necesitas, sientes.
La lógica se impone a tu propia incoherencia:
buscas que te entiendan para entenderte
y niegas que, sencillamente, no te atreves
a luchar perennemente.
Sólo una vez tomada la decisión,
puedes llevarla al extremo y la llevas,
pero, entretanto, congoja de no saber
qué decidirte.
Y te dicen que si te empeñas, lo lograrás,
pero no saben ni se atreven
a reconocer que ya está tu empeño
y que, por eso,
viene el momento que ya ha sido.
Lucidez de aplicar el escoplo sólo para romperte,
porque construirte sólo puedes
en tu propia debilidad.
Por eso te entiendes en esos mismos puntos,
pero tuyos
y reniegas de ver que pueden darse la vuelta.
Ayer u hoy,
hoy o mañana,
"todo pasa y todo queda,
pero lo nuestro es pasar",

y ya está dicho todo,
que "los mundos sutiles,
ingrávidos y gentiles" son todos
y tú en ellos,
y tú con ellos.
Y cuando la esperanza se rompe
hay que reconstruirla con los dientes.
Que asumirte es buscarte cada día
y eso cuesta.
Puentes y muros todos claros:
no siempre es cierto:
a veces el puente no existe
y te das contra el gran muro.
No sé cómo pero te busco.
No sé cuándo pero sé que existes.
Sálvame de mis propios errores,
pero enséñame a equivocarme sin sentirlo.

Madrid, 25 de junio

****

SIN FUERZA

Decidir
cuando no queremos decidir,
cuando el dolor se te aparece
tanto a un lado como a otro
y, en medio, tú solo descubres tu condena
de saber que el sufrimiento no es evitable.

Comprender y comprenderla a ella
mejor que a ti mismo,
intuyendo lo que no quieres imaginar,
salvando tu desequilibrio en la impotencia.
Saber de las caras soñadas
que se convierten, a veces, en pesadillas
y temer que esa locura te desborde.
Conocer que no te vale el resignarte
y, aun más, tener que resignarte a no entenderlo.
Y, lo peor, darte igual todo lo que decidas,
porque el destino se antoja olvidadizo.
Tiempo de decisiones sin fuerza.
Fuerza que se fue para siempre aquella mañana.

Madrid, 25 de junio

****

SER DESEO

Sentirme vivo en unos ojos
o engañarme la creencia de ser deseo.
Lucha incansable por asentarme a golpes
y ráfagas de un presente que se busca
para, al fin, saber que el juego soy yo mismo
y no bastarme un deambular por la rutina.
Dolor de ser valiente y ser
cobarde; euforia del equilibrio que se rompe
y encontrarme el gesto y la palabra
y la mirada más inesperada.

82

Niño grande que se niega a crecer,
para no verse desde allí,
juntando siempre ayer y hoy
y escaparse del infierno del pasar
sintiendo sólo cómo siente
y poder renunciar a consumirse.
Por querer que no falte nunca el esfuerzo.
Pero también:
por evitar la caída,
tirarme a veces de cabeza
de la vida a la aventura
que quizá duela
o deje una herida
en otras llagas;
otros sueños demasiado agitados por mi ráfaga
y mi continuidad del ser distinto
y sí incomprenderme o apretujarme.
Por siempre un alejarse o acercarse
al devaneo perpetuo de mis ganas
de no equilibrios y no atentas despedidas;
por hoy un hueco enorme de esperanza.
Dormir o despertar a la mañana
de otras caras por más soñadas
menos ciertas.
Crearlas yo mismo, creerlas sin importar
que sean cuanto y por cuanto;
hasta que un día,
vienen otras a reemplazarlas.
Salir a buscarla sin saber siquiera que existía.
En lo más definitivo de la balanza
perder las pesas.

Por una risa –tal vez- que me enamora.
Por un duelo de deseos reprimidos
o desbocados.
Por un saber que sólo tenemos tal momento;
que después…
Por altercados de conciencia,
fusilado por segundos de locura.
Por apagar las velas
que hacían agrandarse mis temores.
Por dignificar en su punto la alegría de ser vivo.
Por aun con todo demostrarme que un beso
puede dar a entender mucho sin ser cuánto
y, al tiempo, sencilla expresión de nada más
que tú me vales y eso es mucho.
Por seguro que será mañana.

Tren a Barcelona, 20 de noviembre
-Madrid, 28 de noviembre

****

RAZONES

A veces quiero creer que soy distinto,
que puedo rebelarme contra lo impuesto
y –casi más-
que puedo anhelar lo no en otros.
¡Falsa credulidad de mi importancia!
Pero no en ella he de fijarme,
sino en mi ser no grande por lo pequeño.

Gota en un mar que me desborda
si intento dirigirlo o controlarlo;
copo en ventisca desatada cuando menos puedo
esperarlo;
chispa del fuego que aviva
un viento cuyo origen suele escaparse.
Es por eso –tal vez– que me confundo
al pretender ser parte y causa al mismo tiempo,
no advirtiendo mi devenir constante
en lo insondable.
Otras veces, en cambio,
delicia de dejarme poseer del Universo,
deslizarme y acogerme en esa ola,
no pretendiendo alzarla con mis manos,
sino lanzarme a que me lance por sí misma,
sosiego de sentirme en todo con-prendido,
paz de no tener razones ni necesitarlas.

Madrid, enero

****

HACHE O ERRE

Hablo o bailo,
miro o sueño,
juego o amo,
pero no acierto a equilibrarme
más que en lo inevitable:
ahí sí que encuentro

que no me hacen falta razones:
ya las tiene la propia esencia
de lo que pasa.
Tal vez sólo sea
no aceptar que el cambio, a veces,
se hace preciso
y en el intervalo
-que dura siempre-
me desconcierto, pero
¡qué rabia me impongo en rebelarme?

Hache o erre, eme o eme,
cuatro o siete, todo es
un baile de momentos
o eternidades que no
dependen de actitudes,
sino de gestos.
Y no quiero haber de renunciar
a mis miradas, a los malentendidos
y a otros titubeos.
Porque cuanto más me exige cada minuto
de un tiempo muy encaminado,
más me encuentro con que no domino
-ni quiero- otras salidas,
otros proyectos
o no haberlos.
Y a veces me aterra que me adapte
y otras, sin adaptarme, me arrebato.
Y la pregunta es sencilla,
pero se bifurca invariablemente:
¿me estoy equivocando

de balanza?
Lo cierto y suerte estriba en saber
que no hay respuesta
que dure por sí misma
y que hemos de encontrarla
cada día.
Suerte, sin duda, pero también cuesta
(y ésa es la gracia de esta tierra).

Abril o mayo

****

DOS JUEGOS

Un juego, una tarde, una palabra.
Y a Dios y al fondo
un recuerdo que se agranda en pequeños detalles,
un vaivén de momentos y de caras condensado,
un antojo de esencia que necesita,
un papel que se deshace en tiriteos,
un prado con flores por señuelos,
un domingo de un mayo que se levanta,
un laborioso tejido de improvisadas
cuentas de un collar que vas haciendo,
un paseo por el borde de tus huecos,
una lejana estela de sabores,
un pasado que a veces sientes que te llama,
un lugar entre los hombres
confiando en alcanzar la felicidad,

un nuevo ocaso temido y esperanzado,
un descuento de minutos en el compás de cada
        viernes,
un agotarse a copas sólo por sueños,
un desgranar latidos y corazones,
un lugarteniente de tu inconsciencia,
un paraíso de sonrisas y abandonos,
un tiempo para sólo su vivencia,
sabiendo que lo recordarás por lo que vale,
pero precisamente su valor es no darte cuenta,
un paisaje, una canción, una acechanza,
un dado, un gateo, una llamada,
una rueca, un traspiés, un llanto
que te comparten,
un dos, un goteo, una mañana,
una pasada, un mohín, una lágrima,
un pecado, una finta, un buscarlo,
un no-ansiedad, un bocado y esa complicidad
de otros ojos que quieren sentirte todo eso
al mismo tiempo.

Alejado de otro yo o siendo un encontrándome,
arrebatando al aire su ingravidez,
para adornarme de atenciones y prestancias,
regateando a espaldas de otros besos
el sabor a hierbabuena de una mirada,
dulcificando el esfuerzo de latirme vivo,
doblegando el orgullo en un balanceo
de saberme finito e ilimitado,
asaeteando de flechas impregnadas
de una ponzoña suave de caricias,

aleteando a un ritmo sincopado
de sí mismo,
todo ser y sentir su ligereza,
por dos nuevos un antiguo conocer
el camino que un día fui marcando,
la senda a trazar por su alboroto,
el parapeto en que quebrar intolerancias,
toleradas aberturas de mí mismo.
Ser y sentir,
sentir y ser,
siempre, todo,
que un adiós es un hola entre dos juegos.

Madrid, 2 de mayo (domingo)

****

AGUA Y SED

Impaciencia desbocada
me ha encauzado los sueños en tu noche.
Me he alejado de un hoy
que ya parecía incandescido
y, sin embargo, ¡cómo he abierto
los ojos al contarme
cada minuto!
Te espero, te necesito, te aliento.
Siento cómo cabría el firmamento
en esos ojos.
Por no ser otra vez pasado,

fuimos fruto.
Y siendo en hoy paciencia incontrolada,
seremos luz o día o fuego
y encontraremos el camino
de la noria
que se perdió allá arriba
entre los soles.
Parece un juego que no atiendes
ni comprendes ni calculas,
pero te sabe a miel y a suave nido
de gaviotas que te vuelan y te crean.
¡Ay, saber sabor y no abrazarlo
ni sacarlo ni lanzarlo
a dar trompicones entre paladares
de agua y sed
de amor y llanto!

Madrid, 23 de diciembre

****

LUNAS Y PINOS

Lunas y pinos que se tocan
la balada del saberse ilimitados.
Juegos de luces, vides con sombras
hasta alcanzarse en un recodo enamorado.
Dulce simiente que va sembrando en el camino
el olor de azahares de tu pelo.
Amor sin sueño,

sueño amado
del deseo ensimismado.
Oscuridad sin nombre
que espera su mañana.

Enero o diciembre

****

ALGUN DIA

Conocer el exacto medio de uno mismo
sin saber exactamente su sentido.
Intuir el inútil devaneo de lo imposible
y buscar afanosamente no malograrlo.
A latidos de fuerza e inocencia
vas desgranando el hilo de una vida
que nunca terminas de aprehender.
En lo aparentemente hecho ya sentido,
en lo que no podías pensar mejor futuro,
inopinadamente te encuentras agarrado a un
         madero
perdido en la tormenta
y ni sabes cómo has llegado ni aprecias sus riesgos
pero te lanzas a bucear hasta esa playa
como si nunca hubieras visto otro horizonte.
Ese es el justo término de algún día
que no habías señalado en el calendario;
éste el verdadero elixir de una existencia
que desde aquí ya siempre habrá cambiado.

Te crees encauzado, embocado o entibado
fuertemente a ese sendero que
tan nítidamente has ido recorriendo
y, sin embargo, cualquier día el suelo que pisabas
aparece ensortijado de azahares,
te ciega la luz de una fuerza inexorable
o te alcanza el rayo paulino y te anonada.
Braceo alegre que te rescata en la mañana,
sueño ligero que te acuna y agranda esa luna
que casi habías olvidado que brillaba.
Y vives y sientes la novedad de un ser
que te ha nacido en las entrañas.
Un nuevo tú que ya era y ya había sido
y ya pugnaba por romper
las matrices en que lo ahogabas.
Un duelo frente a ti mismo en el que sólo
puede ganarse la esperanza.
Y un adiós que será todo menos pasado,
como un velero al que soltaras por siempre
las amarras.
Sólo que si sabes ganarte en ese encuentro,
por siempre habrás alcanzado tu mañana.
Aún hoy espero poder averiguar dónde se halla.

San Cugat, 14 de agosto

****

SIN MIEDO

Es un sábado por la noche
y mañana acaba el año.
Y escucho "Dos caras distintas"
y así me siento.
Pero, ¿sabes?, hay algo que –creo–
estoy empezando a aprehender(me):
no somos momento largo,
ni pasión renacida,
ni juego de amor a quemarropa.
Y por eso –aun teniendo en vilo
mi existencia–, comienzo a darme
cuenta de que todo lo que haya sido
hasta ahora es punto y no línea.
O línea de puntos o puntos sin límite.
Pero siempre acaban en tus ojos.
Te echo de menos como si siempre
hubieras sido mi otra parte,
mi mitad de noche, mi coartada de día
deambulando por Madrid,
o Grecia, o Turquía,
o Gandía, o Sitges, o el mar
o el cielo o el suelo que me devolvía siempre
la esperanza.
Tengo tantas cosas que decirnos
que ni siquiera encuentro frases que me entiendan.
Pero lo curioso, lo verdaderamente maravilloso
es que es como si ya supiera que las sabes,
que no necesitas concretas palabras entendibles,
sino sólo seguir siendo juntos,

noches furtivas o mediodías a trompicones.
Te he empezado a querer
tan intensamente,
que sigo sin explicarme otra cosa
que siempre has sido,
siempre has tenido que hallarte cerca,
tan cerca que ya éramos sin saberlo
(UAM, noches, bares, gente).
Y ahora sólo sé decirme
que no puedo renunciarnos;
no puedo resignarme a recordarte
o contentarme con soñarte:
te necesito decirnos que seremos
hache o ce, luz o noche,
juego o llanto, whisky o café,
dulce o manto,
ser o siendo,
pero siempre encontrándonos las caricias,
los gestos, los sabores,
los días, las noches,
los abrazos, la pasión,
el sentir, el anhelarnos,
y el darnos el momento sin callarnos.
Y "Secretos" siguen cantándome
-¿ya tres veces?-.
Y sólo espero encontrarte para lanzarte
a vivirnos sin recelos,
sin miedo a otras cosas que nos marquen,
porque ya marcados nos hallamos,
los dos, los tres, los cuatro.
Y que la cuenta no importa,

lo que cuenta es saberlo.
Y lanzarme a tus labios hasta siempre,
que no sé cuándo será
pero será cierto.
Y tú en ello y yo con ello,
y la fuerza del viento
o el reposo de la lluvia que nos moje
nos encuentre siempre vivos
y atentos al acompasado dar de nuestros sueños.

Madrid, 31 de diciembre (02.35)

****

LUCES POR OJOS

Todo en un juego de luces por ojos
que se quieren la noche dulcemente.
Cuántas veces habría oído el sonido
de unos besos atrapados por su inocencia.
Quiero saberte y aún no tengo tiempo para amarte.
Intuir apenas el coraje de tus dientes
resistiéndose a romperse en el hechizo.
Suave contoneo de unos labios
felices de su misma incandescencia.
¿Cómo decirte, cómo soñarte en repetido
todas esas noches que se fueron?
¿Cuánto paladearnos? ¿Dónde hallarnos
huérfanos de la risa que nos mece?
Dedicarnos un gesto a furtivas,

hablarnos un susurro entre silencios,
devorarnos al momento de los sueños
que tras hoy fueron ya siempre fruto en doces.
Recelarnos de un amor que nos derriba
y cabalgarnos el camino sin más tientas.
Juegos por hoy, fines por ti, dulces por siempre
en un plácido jueves de un diciembre.
Devoción incontrolable por lo verte.
Y aún hoy te esperaré por no perderme.
Pelo, aura, unción, luna ascendente.
Todo es querer izar el firmamento
en el rojo
otoñar
de nuestros rezos.

Madrid, 22 de diciembre

****

¡AY DEL HOY!

En un tiempo hecho sólo para
la confusión del sentimiento,
para el alegre gozne de la vida,
olvidado de otros predios y otros huecos,
serpentea en colores un brocardo:
tempus fugit, carpe diem
como no antes jamás será tenido.
¿Qué poderío incansable te agiganta?
¿Qué otro mañana vibrará tan claro?

¿Cómo sabrás decirte como hoy haces
que el ayer no fue si no ahora eres?
Y el viento sigue silbando entre las flores,
aletea de luz y fuego la atardada
y la troca en simiente guarecida
para brotar nuevamente en la mañana.
Dulces de amor, amor sin fuertes
o simple intuir la maravilla.
Brisa y sabor, sabor a leche
que te dulcifica el alma
resbalándote la placidez en que te duermes.
¡Ay del hoy que no sepa proyectarse,
que quedará en vacío sueño en la memoria,
clavado al suelo que no le brotó la primavera!
Debemo-nos al crujir de las ideas,
los juegos, los quebrantos de la impaciencia,
pero sin agotarse no hay tampoco sementera.
Por dos luces sean millones a la espera.

Porto Santo, 3 de mayo

****

HOY HE VISTO

Sabiendo a lluvia el tiempo se detiene
en una noche que ya fuiste
y otro día te la atrapas.
Y miro atrás y adelante
y en algún punto cambiaste tu camino.

Piensas en qué pudo haber seguido
y ya te quedas melancolizando tus deseos
que no se fueron.
Hoy lo he visto en esos ojos,
en esa mirada que sonríe,
en saberte la mejilla como fresca
tras sus besos.
La misma gota, la misma gabardina
y el pasado ya creció hasta doblarte
la esquina en que te habías quedado,
creído quedar y haber seguido.
Curioso pero te das cuenta
que ahora ya eres verdaderamente
lo feliz que te ves al verla proyectada
en una auténtica vida que no sabes
si hubiera sido igual en tu mano.
Tarde de lluvia en un Madrid
que fuisteis juntos y siempre será
el peldaño al que asir vuestra complicidad
de saber que no pudisteis ser.

Madrid, 11 de mayo

****

BLANCA CADENCIA DE ILUSIONES

Fuerza que surge como no hacía tiempo
y que me da el aire frío trastocado.
Una noche como si fuera mero paréntesis lo

98

olvidado.
Un respirar tan acompasado en blanca cadencia de
        ilusiones.
Cómo te puedo negar que me has tocado
que en un sinfín de mares me has nadado,
que cuando he sido por fin es a tu lado.
Un solo instante y ya marcado,
de nuevo, el reloj parado para siempre en adelante.
Tanta fuerza inesperada, sin soñarlo.
Y eres tú el sueño más impensado.

Madrid, 19 de noviembre

****

DOS MENOS ADELANTE

Atardecía hasta hoy y apenas me enteraba.
Languidecía en un rictus mi esperanza.
Dormitaba sin pausa y sin tino mi labranza.
Agazapaba la parca su guadaña en la hojarasca
para segar con ella cualquier brote sin coraza.
Y todo sin otro motivo aparente que la holganza;
que el no atender los peligros que aletea la
        escarcha
cada mañana;
que el no desconfiar de nuestra propia confianza
cuando calla;
que el no calibrar la poda que nos alcanza
y nos desarma.

99

Todo por un dejar que el fugaz vaivén del tiempo
se encauzase en el tic-tac de un reloj no
        iconoclasta.
Olvidado ya que cada paso atrás son dos menos
        adelante.
Herrumbrado ya el ayer por repudiado.
Aquilatado el hoy y adocenado
por no saberse aún en lo finito.
Tal vez aún no haya sido tarde,
pues hoy he vuelto a tentarme los ayeres
para saberme mejor en hacia afuera.
Y he visto cómo pudo y lo que fuimos;
de dónde hasta cómo renacimos,
por cuán poco nos batíamos
hasta que, in-causadas, las alas nos dormían
los sueños y nos acunaban las mañanas.
Y hoy he querido seguir con ese vuelo.
Pues no otra suerte tenemos
más bien dada.
No esperaré otra vez que se aletargue.

Madrid, 1 de marzo

****

COMO NIÑOS

De repente, de nuevo, como siempre…
Y ahí está lo sorprendente.
Unos ojos no buscados, un deseo impensado,

100

un respirar a dúo que se desgasta,
anhelándose a borbotones todo un futuro
no antes siquiera imaginado,
un por siempre que se hace eterno en esta noche,
un saber sabor sintiendo a fuego
dulce que va horadando la rutina,
quebrando el cansancio en fuerza inagotable,
abriendo el cielo para repintarlo
saltando de sueños olvidados
como niños que somos, de nuevo, en una escena
de un mar que nos levanta entre las olas
y nos lanza en espuma restallante
en risas y caricias por el aire
en viento rosa de paladares desnudados de sí
      mismos
en ganas de no acabarse ya esta noche
ni sus luces ni sus lunas ni sus soles.

Madrid, 19/27 de noviembre

* * *

ALLI ERAS HOY

¡Tiempo divino de la juventud eterna
que te permite evocarte
como no fuiste,
para encontrarte de nuevo
en un ayer que siempre vives!
El sol se abre hueco

entre tus nubes;
palpita el llanto ya no oído,
susurra a tu lado
ese viento, esa fuerza
incontrolable
en que eras ser hacia adelante
siempre proyectado…
Allí eras hoy sin conocerte.
Hoy estabas allí sin comprenderte.
Y en todo cada cosa se alteraba
conforme avanzabas por un camino
sempiternamente bordeado
de amapolas rojas y hojas rotas
y álamos y moreras y manzanos.
¡Adiós!, ¡hasta siempre!, ¡hasta mañana!

Madrid, 28 de noviembre

* * *

ELLOS TRES

Cuando todo es recuerdo presente
y las risas se agolpan entre sueños…
son ellos tres y siempre ahí se mecen,
sin contar ni esperar nada distinto que mi esencia,
ni exigir otra cosa que su impaciencia
por ser y estar y estar y ser juntos.
¡Tan distintos y tan imprescindibles!
Sus cada diferentes emociones

te solapan los juegos y las risas
hasta ensimismarte entera la alegría;
desbordante y restallante poesía
del cada día.
Y ahí te ves tal cual eras.
Y eres distinto pero siendo en ellos
y siendo en ti porque siempre serán siempre.
Vas y vienes entre el hipo loco de sus lazos
irrompibles, inquebrantables, irrenunciables.
Y el tiempo pasa pero nada se detiene,
como ese mismo día
en que te ves indefinidamente ilimitado,
lanzado en pos de un eterno haberte
reflejado en esas risas y esos ojos
puro amor hecho inocencia.

Madrid, 8 de diciembre

****

ENTRE LOS DÍAS PALIDOS

Entre los días que se oscurecen
sin otro afán que ser en ellos,
un haz de potencias elevadas
se cuela imperceptible entre sus sueños
y sus luces se atenúan dulcemente
hasta hacerse sombra de sus ganas;
en descenso libre por tus fueros
-los que tienen cautiva la respuesta

que a los cielos implorantes le negaron-
y desde allí en horizontes se despliegan
considerando aciertos como fallos
sobre todos los páramos dorados;
obertura rampante en plazo hábil
de destellos guarecidos en sus cuevas
viajando entre dudas y azahares
de aquel pasado efímero eternamente recordado;
¿qué fue de tantas esperanzas fenecidas?,
¿qué de los que vivieron sin saberlo?,
¿cuánto de aquellos días nos dejaron?,
¿cómo habremos de encontrarlos cuando vuelvan?
y ¿cuándo sabremos pues que hemos de hacerlo?
¡Oh de tanto todo que se esconde
entre los días que pálidos se vuelven!

Madrid, 17 de abril

****

www.ingramcontent.com/pod-product-compliance
Lightning Source LLC
Chambersburg PA
CBHW071215130726
47998CB00002B/761